쉴만한 물가

Restable Price

쉴만한물가작가선교회 지음

쉴만한 물가

Restable Price

쉴만한물가작가선교회 지음

발간사

한영시집 『쉴만한 물가』를 발간하며

2021년 한해도 끝자락을 향해 달려갑니다.

지난해 연초부터 시작된 코로나 19 바이러스의 전 세계적인 확산으로 하루하루 어려운 시기를 이기며 나가고 있습니다. 하루속히 이 재앙이 사라지길 간절히 기도합니다.

주님이 쉴만한물가작가선교회를 허락해주시고 귀한 작가님들과 함께 할 수 있도록 인도해 주심에 감사와 찬양과 영광을 올려드리며 쉴만한물가작가선교회가 사회의 일원으로서 기도하고 창작하며 위로와 희망과 복음의 메시지를 담아 세상과 소통하면서 한마음으로 달려 나갈 것입니다.

이번에 출간한 한영시집은 서른한 분의 다양한 글향들이 잘 어울려 아름다운 꽃으로 피어나서 세상 속에 행복과 영혼의 쉼터가 되어 독자들에게 따사로이 다가가는 시집이 되리라 믿습니다.

끝으로 한영시집 출간을 위해 온갖 정성을 다해 번역해주신 장웅상 박사님과 아름다운 표지그림을 그려주신 정승교 화백님과 청어출판사 이영철대표님과 함께 동참해주시고 기도와 관심과 사랑으로 응원해주신 사랑하고 존경하는 쉴만한물가작가선교회 회원 여러분들께 깊은 감사를 드리며 주님의 은혜와 복이 가정과 일터 위에 가득하시기를 기도합니다. 수고하셨습니다.

2021년 가을에

쉴만한물가작가선교회
발행인 강순구, 서비아

쉴만한 물가

쉴만한 물가

박종규 양숙정 정수영 문순남 서비아 박희주
이형숙 허보영 곽만영 박희우 박대산 박상기
윤정식 장웅상 황여주 류한상 하난영 김상문
김화창 김윤홍 박계자 이문희 김향희 한정찬
이순옥 이정화 황선기 양화춘 조윤하 김광숙
강순구

초대시 김소엽 Kim So-Yeop

이른 봄의 서정

눈 속에서도
봄의 씨앗은 움트고
얼음장 속에서도
맑은 물은 흐르나니
마른 나무껍질 속에서도
수액은 흐르고
하나님의 역사는
죽음 속에서도
생명을 건져올리느니
시린 겨울밤에도
사랑의 운동은 계속되거늘
인생은
겨울을 참아내며
봄 강물에 배를 다시 띄우는 일
갈 길은 멀고
해는 서산마루에 걸렸어도
겨울이 지나면
봄은 오게 되어 있나니
서러워마라
봄은
겨울을 인내한 자의 것이거늘

Lyrical Mood of Early Spring

A seed of spring buds
In snow,
Clear water flows
Under thick layers of ice,
And the sap rises
In dry tree bark.
The work of God picks up life
Out of death
And the dance of mating goes on
At freezintg–cold winter nights
The task of human life is
To float a boat down a spring river again
After bearing its winter
Though a long way ahead
With the sun already hanging
On the ridge of a western hill,
If winter goes by,
Spring's sure to come,
So don't feel sorrowful
For spring belongs to those
Who patiently endure their winter

박종규 Park Jong-gyu

수수밭에서

수숫대가 잘려 나간
빈 수수밭에서
밤하늘을 올려다 본다

목부터 먼저 잘려 나가고
목 없는 가슴으로
떨다가 떨다가 또 떨다가
그 가슴의 떨리던 흔적마저 사라져버리고
뱃속까지 텅 비어 버리면
밑둥부터 싹둑 잘려 나가야 했다

그런 당연한 사실이
오늘은 무작정 하늘을 올려다보게 한다
무작정 목이 메게 한다

In the sorghum field

In an empty sorghum field
Where sorghum was cut
I look up at the night sky

The neck was cut off first and
With neckless chest
It trembles and trembles
Even the trembling trace of that heart disappears and
If its inner side is empty
It had to be cut off from the bottom

Such a natural fact
Make me look up at the sky today
Recklessly it makes me chock up blindly

고구마 순

어머니의 주름진 밭에서
자주색 깃발 흔들며
꿈틀꿈틀 두둑을 오른다

매운 기억도
슬금슬금 기어 나와
고랑을 건넌다
한 이랑 두 이랑 건널 때마다
주렁주렁 붉은 꿈이 커 가는 소리
땅속 탯줄로 올라온다

심술궂은 바람과 비
앙칼지게 달려들지만
엎드리고 엎드려 흰 뿌리 내리고
땅 속 깊이 발을 내린다

노오란 속살로 여무는 날
수줍게 웃으며 가을 햇살 만나
못 다한 그 이야기
이제야 풀어놓는다

Sweet potato order

In my mother's wrinkled field
I climb the ridges with a thump
Waving a purple flag

Even a spicy memory
Slowly crawls out and
Crosses the furrow
Whenever I cross the furrow one by one
The sound that a red dream growing bigger
Rises with the umbilical cord from the ground

Mean wind and rain
Run fiercely
It gets down on its knees, takes down the white roots
Lower its feet deep into the ground

A ripening day with yellow flesh
It Smiles shyly and
Meets the autumn sunlight
It releases the unfinished story eventually

양숙정 Yang Suk-Jeong

내 가슴에 성령으로

내 가슴에 성령으로
무지개로 오르시더니
내 가슴에 성령으로
내려앉으신다

긍휼한 자 지켜 주시고
내 가슴에 성령으로
내려앉으신다

함지 밟지 않게 하시려고
내 가슴에 성령으로
교통 엮어 주신다

누구와도 구별 되는 삶
내 가슴에 성령의 단비
돋움줄 내려주신다

영생당(永生堂) 안주케 해주소서
시름 걱정 없는 곳
임의 곁에 영원히 선녀로 살고 싶네

As a Holy Spirit. to my heart

As a Holy Spirit. to my heart
He climbed up to the rainbow
As a Holy Spirit. to my heart
He descends and sits

He protects the compassionate person
To my heart as the Holy Spirit
He's descending

He puts me through communication
As a Holy Spirit. to my heart
So that I will not step on the sunken land

A life that is distinguished from anyone
The rain of the Holy Spirit in my heart
He pulls down the magnifying cord

Let me rest in peace
a carefree place
I want to live by his side forever as a fairy

까치소리

하늘에서 별빛이
쏟아집니다

애틋한 사랑이 남 몰래
마음에서 피어납니다

소근소근
속삭이며
꽃 사랑에 취해
몸부림칠 때
까치마저 달래 줍니다

두근두근
떨리는 마음
가슴이 터질 것 같습니다

보고 싶어
그리워하며,
가까이에서 들리는 까치 소리

The Magpie sound

The stars in the sky
Are pouring

Affectionate love secretly
Blooms from the heart

Even a magpie soothes me
When I struggle
Drunk by flower love
With whispering
Quietly

Palpitating and
Trembling heart
It is about to explode

The sound of magpies from near side
By missing
And longing

정수영 Jeong Su-young

시(詩)가 하늘 길 열었다

카페 유리창
안개가 자욱하다
카푸치노 거품은
뭉게구름 몰고 오고
빛바래지 않은
하얀 그리움도 소복소복
쌓여만 간다

2월의 눈 속
복수 초 진노랑 꽃은
가냘픈 얼굴 쏘옥 내밀며
이른 봄 마중 길 나선다

눈 위엔
당신을 향한 녹슬지 않은
그리움의 발자국이 어지럽다

지금
당신이 안식하고 있는
그곳 가는
하늘 길
시(詩)가 열었다

The poem opened the sky road

A Cafe window
It's densely misty
The cappuccino froth is···
bringing fleecy clouds
Unfaded,
Snow–white longing is also
Piled up silently

In the midst of snow of February
The thick yellow flower of adonis plant
Go out to meet the early spring
With a thin face sticking out

Above the snow
There are disorderly footprints
Of longing for you that does not rust

Now
A sky road
To a place
where you're resting in peacefully
A poem opens

울 엄니 젖가슴

아낌없이 다 내려놓은
겨울 산야
하얀 이불로 덮여 있다

산새가 뛰어 다닌 발자국
밑엔 들쥐들이 먹이 굴로
들락낙락거리네
따뜻한 라떼 커피 한 잔

손에 쥔 길손은
솜 포대기에 안겨
엄니 가슴 후벼
사랑 젖 억척으로
빨아대던 애기 시절

그 피안에 잠시 잠겨
뜨거운 강물 펑펑 쏟아
얼어붙은 눈 이불 녹이네
울 엄니 어딜 가셨나
이 고사리 손을 놓으시고…

My mother's breast

Winter Mountain and field
That has given it all away generously
Are covered with a white blanket

The footprints of the mountain birds running around
Underneath, Field mice
come and go to the feeding hole
A cup of warm latte coffee

Babyhood when
A guest in her hand
Was Cuddled in a cotton swaddling clothes
picking its mother's breast
Forcefully sucking milk of love
I am indulged in reminiscences for a while
Pouring out a flood of tears,
That finally melts down the frozen snow blanket,
Where did my mother go,
Letting go of this cute, little hand…

문순남 Moon Sun-nam

내 고향

푸른 풀밭에서는 나비 춤추고
민들레 홀씨가 꽃비로 날리는 곳
냇물 위 꽃잎
아득히 떠내려가며 정을 키우던 곳

별이 되고
산이 되고
저 하늘의 구름이 되어
바다로 가듯

사람으로 태어나
사랑받으며 사랑했던 세월
어느새
잊혀져가는 꽃이 되어
한 줌의 티끌 같은 지나간 사랑이여

My hometown

A place where butterflies dance on the green grass
And dandelion spores are blown away by flowers
petals on the river
A place where it grew affection while drifting away

As everything becomes a star
Becomes a mountain
Becomes the clouds in the sky
And goes to the sea

Born as a person
Years of being loved and loving
Suddenly
Becoming a forgotten flower
Past love like a handful of dust

수선화

작년부터
고즈넉한 자연 속에서
우리를 반겨주네

흔적 없이 떠나
궁금했는데 춘삼월 되니
반갑게 다시 찾아오고

겨울동안 어떻게 살았는지
봄바람 살랑살랑 불더니
서둘러 꽃망울 맺히고
해맑게 웃어주는 해님

입학식 기다리듯
설렘으로 두리번거리는 꽃잎
촉촉하게 맺힌 이슬
다소곳이 고개 숙인 수선화

Daffodil

From last year
In the serene nature
It welcomes us

You leave without a trace
I was curious about you, and when it becomes spring
You came back

How have you been during the winter?
When the spring wind is blowing softly
The sun who hurries up the flower buds
And smiles brightly

Like waiting for the entrance ceremony
Petals fluttering around with excitement
Moistened dew
Daffodil with a slightly bowed head

서비아 Seo Bi-a

눈 내리는 날

인생들 죄성으로
하늘에서는
그동안 쌓인 아픔이
먹장구름이 되어

한 꺼풀 한 꺼풀씩
흰 가루가 뭉치던 날

떡반죽으로
속죄소 만들고
인생들 완악함
서로서로 비추어
알게 하신다

Snowy day

With sin of people
In the sky
The pain that was accumulated meanwhile
become a dark cloud

One by one, one by one
The day when the white powder gathered

He makes atonement cover
With rice cake batter
And lights the toughness of life
one another and
And lets us know

처서(處暑)

그리도
싱그러웠고
생기 넘치던
푸른 시절 마시고

내뱉은 삶 쌓여가며
가을 문전에서

모든
허물을 싸안고
용서하며
결실의 열매로
나타내는 것이다

The end of August

It drinks A blue days
that was so fresh
and full of energy

At the threshold of autumn
Piling a rapping life

It embraces
And forgives every fault
It represents with
A seed of fruit

박희주 Park Hee-ju

강물은 흘러가도

내 고향 마음 밭 가을 잔치엔
비단강 맑은 물 하늘 펼쳐 흐르고
호서루 강가엔 세월 낚는 강태공들
황새말 넓은 들엔 풍년을 노래하는 새들

꿈은 바닷속 심연에 잠이 들어 아득한데
떨어지는 낙엽 소리 향수를 부르고
갈빛 추억하나 내 가슴에 찾아들어
옛날을 노래하네

Even if the river flows

For autumn feast of heart field in my hometown
The silky river, clear water, the sky spread and flow
Gangtaegongs catching time by the Hoseoru River
Birds singing a bountiful harvest in the wide field of whangsaemal

The dream sleeps in the abyss of the sea and far away
The sound of falling leaves calls homesickness
One brown memory permeates my heart
And sings of the past

빌딩 숲속의 호수

전통찻집 차 한잔에 미소진 얼굴들
마주 앉은 붕우 옆에는
물레방아 돌고 비단잉어 놀고 있는
작은 호숫가

호수 건너 저편
우리의 기억 속 아련한 고향
먼 옛날 어린 시절 여름 속으로
나룻배 하나 띄워 노 저어 가보세

돌아와 흰머리 날리며 마시는
전통차 한잔 속의 마법인가?
어린 시절로 향한 그리움의 메아리가
호수 건너 멀리서 전설처럼 들려오네

Lake in the building forest

Smiling faces which a cup of tea in a traditional
teahouse
Next to friend sitting opposite
Small lake shore
Where the waterwheel spins and the koi plays

across the lake
A distant hometown in our memories
A long time ago, into the summer of childhood
Let's float about and go rowing a boat

Is it a magic in a cup of traditional tea?
Coming back and drink with my gray hair flying
Echo of longing for childhood
sounds like a legend across the lake from a distance

이형숙 Lee Hyeong-suk

오늘이란

오늘이 중요함은
어제 없는 오늘 없고
오늘 없는 내일이 없듯

역사란
과거 없는 현재 없고
현재 없는 미래가 없기 때문이다

지난날을 돌아보며
잘못됨이 되풀이되는 일 없도록
오늘을
현재를
미래를 위해
자손을 위해
현명하게 살아가자

Today is

What Today is important is
Without yesterday, without present
Without present, without future

Because as for History
Without past, without present
Without present, without future

Looking back on the past
Let's live wisely
So that mistakes are not be repeated
for today
For the present
For the future
For offspring

엄마

엄마는 고향이다
엄마는 그리움이다
엄마는 영원한 우주다
엄마
엄마
엄마아…

Mom

Mother is my hometown
Mother is missing
Mother is the eternal universe
mom
mom
Mom

허보영 Heo Bo-young

코로나 4단계

1. 난리로다(기)
이년넘게 온세상이 코로나로 난리이니
눈과귀가 코로나에 뉴스소식 뿐이로다
델타변이 무슨변이 이름마저 생소한데
전파력과 치사율이 대단하다 난리구려

2.유별나다(승)
독감감기 유행하다 두세달에 그쳤으며
조류독감 돼지독감 광우병도 그렇더라
이번독감 코로나는 그칠줄을 모르나니
세상죄가 가득하니 유행병도 유별나네

3. 어이할꼬(전)
구멍가게 소상공인 자영업자 폐업하고
식당업자 숙박업자 여행업자 부도났네
살아보자 발버둥에 심신마저 지치는데
삼복더위 이마당에 입코막아 어이할꼬

4. 좋다싫다(결)

학교공부 영상으로 회사업무 재택근무
좋은세상 아니다면 세상망할 일이더라
세상좋아 유행병에 대처방식 다양하니
좋다좋다 해야하나 싫다싫다 해야하나

거리두기 4단계 실시에…

Corona 4 stage

1. It's a riot
For over two years, the whole world is a riot with Corona
There is only Corona news with my eyes and ears
Even the name of the delta variant and so forth is unfamiliar.
The spread and lethality are great and it's a riot

2. unique
Influenza and cold were prevalent, but it stopped only after two or three months
So were bird flu, swine flu and mad cow disease
This flu, Corona doesn't stop disappearing
The world is full of sins, so epidemics are unusual

3. How should we do?
Small store, owner–operator and small business owner close the shop
Restaurant, lodging facility, travel agency became bankrupt
Even the mind and body are exhausted in a struggle

to live
How should we do by covering our mouths in the boiling heat at this current situation?

4. Like it or Dislike
School study with a video, company task with working from home
If it isn't a good world, the world will be ruined
It's a good world and there are various ways to cope with epidemics
Should we like it or should we dislike it?

on performing Step 4 of social distancing…

행복이란

1. 자랑 마라(기)
능력있다 자랑말고 가졌다고 자랑마라
예쁘다고 자랑말고 못났다고 낙심마라
남의것을 부러말고 탐하지도 말것이며
작은것에 감사하는 그사람이 복되도다

2. 행복이란(승)
행복이란 먼곳에서 찾으려면 도망가고
오늘내가 여기있어 행복하면 천국이라
걷는것이 참복이요 듣는것이 복일지니
볼수있어 복될지며 말하여서 복되도다

3. 행과 불행(전)
나는나는 복된자요 생각하면 복된자요
나는나는 불행자라 생각하면 불행자라
세상부자 좋을지며 지혜자도 좋다마는
오늘하루 감사하며 사는자가 복되도다

4. 참행복자(결)

세상사람 이진리를 모르는자 없다마는
쉽고편한 이진리를 실천하기 어렵더라
생사는 재천이요 건강은 재인이니
생사건강 염려말고 사는자여 복되도다

Happiness is

1. Don't be proud

Don't brag about your ability and possession

Don't brag about your being pretty and don't be discouraged because you're ugly

Don't envy nor covet about others' things

A person who gives thanks for the little things is blessed

2. Happiness is

When we find happiness from afar, it runs away

If I'm here today and I'm happy, it's heaven

Walking is a true blessing, and listening is a blessing

I am Blessed to be able to see and I am blessed to speak

3. Happiness and unhappiness

I am blessed, if I think I am blessed

I am unhappy If I think I am unhappy

The rich and the wise of the world are good but

A person who gives thanks today and lives is blessed

4. A truly happy person

There is no one in the world who does not know this truth

It is difficult to practice this easy and convenient truth

Life and death depends on the heaven and health depends on a person

A person who does not worry about life, death, health, and lives is blessed

곽만영 Kwak Man-young

해달뫼(日月山)의 가을

태백 준령
일월산 깊은 자락에
가을이 내려왔다

일천이백의
고지 정상에는
이른 눈발이 날리고

숱한 전설을 담은
골짜기들은
또 다른 전설을 잉태한다

일자봉 월자봉에
높이 솟은 철탑들은
가을의 물결에 용해되어

윙윙 울어 대고
철없이 날뛰던 생명들은
무서리에 고개를 숙이고

풍요롭게 결실하는
계절의 신비에 접목되어
이 가을을 맞이한다

*일월산: 경북 영양군에 위치, 높이 1,219m

Autumn of the sun, the moon, and a mountain

A rugged hill of Taebaek mountain
Autumn came
At the foot of Mt. Ilwol

At the top of
Twelve hundred highlands,
It's snowing early

The valleys
That put many legends
Conceive another legend

The towering iron towers
On a Ilja peak and wolja peak
are dissolved in autumn waves

The lives that run wild
Crying and crying
Lower their heads in the first frost of the year

It is grafted on the mysteries of the season
Which is richly fruitful
And meets this autumn

*Ilwol Mountain: located in Yeongyang-gun, Gyeongsangbuk-do, height 1,219m

텃밭

긴긴 겨울잠
깨우는
기지개 소리 들리드니

민들레
연노란 얼굴이
벌써 큰절을 한다

어떻게
이 깊은 골짜기
엄동을 이겨냈을까…

줄지어 늘어선
마늘 줄기에는
푸른 빛이 감돌고

나물취, 곰취, 곤드레…
수줍은 얼굴을 내민다

느린보 감나무 대추나무는
아직도
겨울잠에 취했나 보다

Vegetable garden

I hear the stretching sound
waking
a long and long hibernation

Dandelion
A pale yellow face
already bows

How
did it survive the severe winter
in this deep valley

The blue light hangs in the air
in the garlic stem
which is lined up

Namulchwi, Gomchwi, Gondre···
Show off their shy faces

I guess The slow–witted persimmon and tree jujube
tree are
Still
attracted by hibernation

박희우 Park Hee-woo

아버지의 뒷모습

근엄한 모습에
앞에 서면 저절로 고개 숙여지고
때론 따뜻한 등을 내주던 아버지

자식들 장성하니
객지로 다 내보내고
처진 어깨가 힘겹다

가을바람에
벼 이삭 익어가는 논둑길
뒷짐 진 아버지 뒷모습

벼 이삭도 힘겨워 고개 숙이고
자식 뒷바라지에 굽어진 등
오늘따라 아버지가
더욱 애처롭다

The back figure of my father

In a solemn appearance
When I stand in front of him, I automatically bow
my head
My father used to give me a warm back

When his children grew up
He sent them out to the place far away from home
His sagging shoulders are tough

in the autumn breeze
A path of rice paddy which an ear of rice is ripening
His back figure putting his hands behind his back

Even the ear of rice is bowing with struggling
A bent back by taking care of children
My father is more pathetic
today

조건 없는 사랑

태중에서 엄마 배를 차도
태어날 때 하늘이 노랗게 보여도
참아내어 내 품에 꼬옥 안았지

밤을 새워도 쉴 틈 없어도
귀엽고 사랑스러운 너
자장가를 부를 때는 조용조용

잠이 들어 씽긋씽긋 웃으면
무슨 꿈을 꾸는지 알 수 없지만
나쁜 꿈이 아니란 건 알 수 있어요

엄 엄 하며 말문이 트일 때
세상에 너밖에 또 누가 있으랴
아플세라 다칠세라

애지중지 키웠더니
제 혼자 자랐다고 큰소리치는구나
허허한 부모 마음 알기나 하려나?

Unconditional love

Even if you kicked your mother in the womb
Even though the sky looked yellow at birth
I endured and held my baby in my arms

Even if I stayed up all night and didn't have time to rest
You who were cute and lovely
I sang a lullaby very quietly

If you fell asleep and smiled
I didn't know what you were dreaming about
I could know it was not a bad dream

When you gurgled and you were open to words
There was no one but you
I' was worried that you will be sick and get hurt

I raised you dearly
You tell me that you grew up alone
Do you even understand parents' vacant mind?

박대산 Park Dae-San

파도

아무리 발버둥쳐도 끝내 일어설 수 없어
굼실굼실 기다 지쳐 뒤밀리는 울화 안고
바다는 몸을 부딪쳐 구원의 변경을 친다

험한 물길 기진해도 다시 부르는 생명의 노래
바람의 언덕을 넘어 절망의 굽이를 넘어
바다는 푸른 함성으로 새 땅의 변경을 친다

Wave

No matter how hard I try, I can't get up
I am tired of creeping and hold back with rage
The sea is bumped into its body and strikes the frontier of salvation

Even if the rough water is exhausted, the song of life sung again
Over the hill of wind, over the bend of despair
The sea strikes the frontiers of the new land with a blue cry

단풍나무

어느 사모의 그리움이기에
이다지도 붉으랴
소멸도 없는 불꽃이 재가 되지 못한 채
하늘을 물들여 타는 너 꿈의 불사신아

한 생애 울긋불긋 자랑스레 산다 해도
무겁게 어깨에 받는 서녘 해 그림자여
성지에 내리는 가지 영혼으로 누인다

Maple tree

Is it so red
Because of a certain longing
You who dye the sky and burn are the immortal god of dream
As flame without extinction does not become ashes

Even if I live one lifetime with pride colorfully
The shadow of the western sun which I receives heavily on my shoulders
I lie down the branches that fall to the holy land with my soul

박상기 Park Sang-gi

가을 기도

파란 이파리 형형색색
신비롭게 채색되어 살랑살랑 춤을 출 때
인생의 가을도
그렇게 아름다워져야 함을 깨닫게 하소서

주렁주렁 탐스럽게 달려있는
금빛열매들을 보며
인생의 가을에 나타낼
열매를 살필 줄 아는 지혜를 주소서

화려한 꽃을 피우며
푸르고 당당하던 나무들
파리하게 시든 이파리 떨궈 내며
나목 (裸木)이 되어갈 때
황혼 인생의 무상함을 기억하게 하소서

흘러가는 세월 속에서
꽃 같은 인생의 영화가
영원의 한 점과 같음을 자각하며
겸손으로 허리를 동일 줄 알게 하소서

계절의 문턱을 지나자마자
두터운 옷으로
온몸을 감쌀 수밖에 없는
연약함을 인식하며 자기부정으로 살게 하소서

주여, 이 가을에
잠시 후면 들이닥칠
혹독한 칼바람 추위를 준비해야 하듯
낮은 마음으로
인생의 겨울을 준비하게 하소서

Autumn Prayer

When colorful blue leaves are
Mysteriously colored and dancing softly
Please make me realize that
The autumn of life is also must be so beautiful

When I see the golden seeds
Pending greedily,
Please give me wisdom to examine a fruit
To appear in the autumn of life

When the green and the dignified trees
Blooming a colorful flowers
Throw away the withered leaves
and become a naked tree
Please make me remember the futility of twilight life

In the passing years
A movie of life like a flower
Please make me realize that it is like a point in eternity and

Please make know that I can bend my back with humility

Please make me recognize the weakness to cover my whole body
With a thick dress
As soon as I pass the threshold of the season and
Make me live with self denial

Lord, please make me prepare for the wind of my life
With a low mind
As I prepare for the harsh penetrating cold
To come soon
In this autumn

억새풀

흰머리 하늘하늘
서로 엉켜 정겹구나

사르르 사르르
노랫소리 흥겹구나

하얀 솜털 편지
도착지는 어디매뇨

예쁜 솜털 편지
받는 이는 그 누구뇨

그 답신 그리워서
목은 빼어 내었는가?

그 소식 듣고 싶어
돋음 발을 세웠는가?

칼바람 시련에
몸살이나 앓지 마소

희망소식 받기 전에
꺾이지는 더욱 마소

Chinese Silver Grass

White hairs are tangled with one another
Lightly and they are friendly

Softly and softly
The singing sound is cheerful

A white fluffy letter
Where is your destination?

A pretty fluffy letter
Who is the recipient?

Did you miss that reply
And look forward to seeing it?

Did you set your feet up
To hear the news?

Don't suffer from body aches
In the hardship of piercing wind

Don't break even more

Before receiving hope news

윤정식 Yun Jeong-sik

지지 않는 꽃

아침이슬 머금고
애절한 아픔을 이기며
한 잎 한 잎 피어나는
그 모습 어찌 그리 아름다운지

가지가지 꽃 피우고
서로 서로 보듬고 가꾸어
큰 아름 꽃으로 피어나는
그 모습 어찌 그리 우아한지

삼천만 송이 꽃
오천만 송이 꽃 되어
삼천리 반도 뒤덮을 때
그 모습 어찌 그리 화려한지

오천만 무궁화 꽃송이
영원히 지지 않는 꽃으로
빛을 발할 때
그 모습 어찌 그리 황홀한지

A flower that never withers

How beautiful is that figure that
Holds morning dew in its mouth and
Overcomes the mournful pain and
Blooms one by one?

How elegant is that look that
blooms various flowers and
Takes and grows one another and
Blooms with large beautiful flowers?

How gorgeous is that
When thirty million flowers
Become fifty million flowers
And cover Korean peninsula?

How amazing is that look
When fifty million rose petals
Shine a light
As flowers that never wither?

동해바다

푸른 물결
드넓은 동해바다
넓고도 깊은 당신을
한없이 바라봅니다

당신은 어찌 그리
우람하고
멋지고
크시온지요

갈매기 울음소리
철썩이는 파도소리에
답답한 마음은
사라지고 시원합니다

하늘도 푸르고
바다도 푸르니
내 맘도 푸르러
당신을 닮아갑니다

East Sea

Blue wave
The wide east sea
I look endlessly
At you who are wide and deep

How are you
So bulky
Gorgeous
And big?

Sea gulls' cry
The crashing waves
make my suffocating mind
disappear and it is cool

The sky is blue
The sea is also blue
My mind is also blue
I come to resemble you

장웅상 Jang Ung-samg

알밤

어머니 뱃 속에서 잠자던 쌍둥이 삼형제
가을이 익어가는 소리를 듣는다

응애 소리와 함께 세상 밖으로 나온다
탯줄 자를 시간도 없이

Shelled chestnut

Three twin brothers sleeping in a mother's womb
Hear the ripening sound of autumn
They come out of the world with the sound of crying
Without time to cut the umbilical cord

앨범 속의 사진

오랜만에 너와 만났다
나는 사뿐히 들어올렸다
아무런 표정도 짓지 않는 너를

나는 어느덧 시간 여행자가 되어
너에게 힘차게 날아갔다

흘러간 시간도 너 앞에 서면
얼음이 되어갈 길을 멈추었다
찰나의 미학
순간이여 영원하라

A Photo in an album

I met you after a long time
I lifted you lightly
Who didn't make any face

I became a time traveler
And I flew to you powerfully

If even the passing time stood in front of you
It became ice and stopped its way

Aesthetics of moment
Let moment be forever

황여주 Hwang Yeo-ju

인사동 거리에서

오늘
당신의 향기를
만져봅니다

인사동 찻집에서
동그란 찻잔 속
재스민 향으로
앉은

그대는

소나티나의 음률로
내 코끝에 실립니다

우리가 함께 거닐던
낯익은 거리에
가슴을 태워주는
가을비는 내리는데

그리움의 샘은
더욱 깊어져

어느새

나는 재스민 향을 닮아갑니다

At the street in Insadong

Today
I touch
Your fragrance

At a tea house in Insadong
In a round teacup
With jasmine fragrance
You are

Sitting

With the melody of sonatina
Carried at the tip of my nose

On a familiar street
we used to walk together
Autumn rain
Burning mind is falling

The fountain of longing
Becomes deeper

Quickly

I come to resemble the fragrance of jasmine

빨간 벽돌집

그러지듯 홈을
해져 나가는 열차 안은
고향 풍경으로 가득 찬
큰 설레임이었다

주말이면 언제나
부산으로 향했던
풀꽃 향기 같던 열차 안의 행복

함지박 웃음으로
덥석 안아 주시던

내 할아버지, 할머니가
우릴 기다리셨던 곳

키다리 백목련이 수줍게 웃고
연못 속 금붕어가 큰 눈망울을 굴리는
빨간 벽돌집이
가슴을 다독여 주던 고향

이제 부재(不在)라는
되돌릴 수 없는 시간 앞에서
고향의 내음은
노스텔지어의 손수건처럼
깊은 순수의 그리움으로
지금도 펄럭이고 있다

A red brick house

The inner side of a train
running down for home like sliding
Was a great beatibg heart
Full of hometown scenery

Happiness in the train that was like a flowering plant
headed to Busan
on weekends

A place
Where my grandfather and grandmother,

Who used to hug me
With a big smile, waited

Long–legged white magnolia smiles shyly
A red brick house
where gold fish in the pond rolls its big eyes
A hometown that touched my heart

Now In front of the irretrievable time
of absence
The smell of hometown
Is still fluttering
Like a nostalgic handkerchief
with deep longing of innocence

류한상 Yu Han-sang

아름답다는 것은

아름답다는 것은
감추어져 있는 곳에서
살며시 보여지는 것이라

아름답다는 것은
숨어 있어 아니 보이다
때 되면 보여지는 몫이라

아름답다는 것은
사랑 감사 행복 가득히
진하게 고인 마음입니다

아름답다는 것은
꽃과 향기 가득 채워진
영혼과 육신 피워 냄이라

아름답다는 것은
마음 생각 정신 순하여
밝고도 환한 생명 세계라

아름답다는 것은
나와 이웃 모든 이에게
생기와 환희 기쁨 넘친다

아름답다는 것은
나와 너와 우리 모두의
진정한 바람 모습이어라

What is beautiful

What is beautiful
Is seen quietly
In a hidden place

What is beautiful
is hidden and is not seen
And when the time comes, it will be shown

What is beautiful is a thickly welling up mind
Full of love, gratitude and happiness

What is beautiful is
Blooming soul and body
Filled with flowers and fragrance

What is beautiful is
A bright and bright world of life
Whose heart, thought and mind are pure

What is beautiful is
Full of vitality and joy
To me and all my neighbors

What is beautiful is
A figure of a real wish
To me, you and all of us

꽃길

꽃길 따라
거기 살고 싶으랴

닦아질 길도
막힌 길도 별거랴

꽃길은
만들어 가면 된다

길이 없으면
길 닦아 가면 되고

꽃이 없으면
심고 가꾸면 되고

혼자 힘들면
함께 하면 될 것을

우리 함께
꽃 심고 가꿉시다

그리고 그 길
다정히 거닙시다

꽃도 그 길도
내 앞에 있는 것을

A flower road

I want to live there
Along the flower path

A road to be wiped
And a blocked road don't matter

I have only to make
A flower road

If there is no way
I can clear the road

If there is no flowers
I can be plant and grow it

If I am alone and it is hard
I can do together

Let's plant flowers and grow them
With me

Let's walk
That way friendly

The flower and the road
are in front of me

하난영 Ha Nan-young

임의 품

괴로움이 터져 나오는 밤
견딜 수 없는 심연의 절규
임을 부르는 소리
감성과 이성의 두 꼭지로 텔레파시를 잡는다

두 팔 벌리고 기다려주는 넓은 품
간구하는 목소리에 응답하는 약속 들려
옥죄던 굴레
장막 아래 풀어지고

평온해진 고동소리
꿈속에 빠져가니
아! 임의 따뜻한 품
내 생명의 안식처
등불 든 손을 보네

불빛 따라 가는 길
깔막진 고갯길도 힘들지 않아
오늘도 은혜로운 밤마다
달빛이 깊어간다

The arms of my beloved

A night when suffering bursts out
The unbearable cry of the abyss
The sound that calls my beloved
I catch telepathy with the two taps of emotion and reason

The broad arms waiting with open arms
I hear the answering promise to the voice of supplication
The suffocating bridle
Are released under the veil

The calming sound of whistle
Falls into a dream
Oh! The warm arms of my beloved
The shelter of my life
I see your hand with a lamp

The road following the light
Even the bumpy hill road is not difficult
Today the moonlight also becomes deeper
On every gracious night

사랑과 미움

사랑은 삶의 양식
사랑의 샘에서 퍼올리는 기쁨
메마른 영혼과 육신을 살찌워
힘을 얻은 영육이 살아간다

외로운 길 가는 나그네의 시간
미움과 사랑의 교차로에
삑–삑– 경적이 울린다
왜 나는 미워하는가
왜 나는 사랑하는가
나는 오늘 사랑의 향초를 얼마나 켰나

정의의 칼날이
검광을 번득일 때
사랑은 조용히 음식을 만들어
허기진 뱃가죽을 위로하고
부드러운 혀로 칼에 베인 상처를 핥아준다

사랑으로 키워준 하늘과 땅
그 넓은 치마폭 보고도 모르던 사람
이제야 어렴풋이 실눈을 뜬다

어둠의 손짓
미움의 암흑 속에서
꺼지지 않는 빛을 찾을 때
영원히 타오르는 등불
저 멀리 기다리는 지순한 사랑

Love and hate

Love is a way of life
Joy from the fountain of love
It fattens the withered soul and body
And the spirit and body that gained strength live a life

Time for a traveler on a lonely road
At the crossroad of hate and love
Beep Beep the horn sounds
Why do I hate?
Why do I love?
How many candles Did I lit today?

When the blade of justice
Flashes the sword light
Love cooks food quietly
And comforts the hungry stomach
It heals the cut from the knife with a soft tongue

The sky and earth that raised with love
A person who didn't know even after seeing the broad width of the skirt
Opens his eyes slightly at last

In the gesture of darkness
And dark of hate
a lamp that burns forever
When I'm looking for a light that never extinguishes
A pure love waiting far away

김상문 Kim Sang-mun

동굴

기암괴석 벼랑 끝
미풍에 떨고 있는 한 송이 꽃
저 밑바닥

낮은 곳에 작은 텃밭 하나
검은 비닐 이랑에 주렁주렁 열린 붉은 고추

주지스님으로부터
오래전 물려받은 낡고 삭은 장삼 자락
한 벌 옷 스님 등 스멀스멀 기어가는 뾰족한 바늘

물보라
안개꽃 동굴과 가교역할
세상과 소통 연결하는 품위 위상 고상한 흰 백합

Cave

The cliff end of strangely shaped stones
A flower shivering in the breeze
The bottom over there

A small garden on the low place
Red pepper, which are lined with black plastic furrows

The old, worn out buddhist monk's robe I inherited a long time ago
From the head monk
A monk with a suit of clothes and a creeping pointed needle

A spray of water
Gypsophila Cave and the role of a temporary bridge
Elegant white lily that communicates with the world

병들지 마세요

사랑에 묘약이
필요하다고 혹여 당신은 병들지 마세요

그러면
먼저 내 마음
가슴 아파하니까 정말 난 싫어요
하늘이 무너져도

솟아날 구멍이 있다 하신
지혜롭고 현명한 조상님 좋은 속담 있듯이

야박하고 냉정한
세상이라 해도 돌이켜 마음 달리
당신이 행복해질 수 있다면 나도 행복하니까요

Don't get sick

Don't get sick only because you need
A wonder drug of love

Then
First of all, I am
Heartbroken, so I hate it
If the sky falls,

we shall catch larks
As a wise and sensible ancestors' good saying exist

Even if it's the cold–hearted and cold world
I'm happy if you can be happy

김화창 Kim Hwa-chang

미나리

봄햇살이
끌어 올린다

물 두렁에
물 미나리

마른땅에
돌 미나리

물 오른
봄미나리

자리 탓 않고
쑥쑥 자라지요

Water parsley

The sunshine of spring
pulls

In the water ridge
Water parsley

On a dry land
Stone parsley

spring water parsley
which rises

It grows quickly
without blaming its place

시냇물

흐르는 물속에
발을 담그니
매끄러운 조약돌
동글동글 사이좋게 살아라
만지고 쓰다듬어
시냇물이 빚어낸 작품들

시냇물이 조약돌을 사랑하듯이
나도 그렇게 살아갈 거라고
먼 길 가신 엄마에게
나뭇잎 하나 둘
띄워 보냅니다

The brook

I soak my feet
in running water and
There is a Smooth pebble
Live well roundly
The works that the brook created
by touching and stroking

As the brook loves the pebble
I will live like that
I float leaves one by one
And send them
To my mother who went a long way

김윤홍 Kim Yun-hong

믿음으로 산다는 것은

어제의 믿음으로
너 자신을 치장하지 말라
네가 자랑할 게 무어냐?
넌 은혜로 인해 존재할 뿐이로다

오늘의 믿음으로
주님과 동행하며 살라
보좌 앞을 바라보며 한 순간을 살라
널 주목하시는 주님을 응시보라

매순간 하늘영광을 바라보라
하나님의 능력과 권세를 믿으며
죄와 싸우며 악에 맞서라
선한 싸움은 결코 멈출 수 없다

이 세상 바라보면 실망뿐이다
욕망의 유황불 펄펄 끓는
세상 유혹에 굴하지 말고
성령을 따라 순간순간을 살라

Living by faith

Don't dress yourself up
With yesterday's belief
What are you proud of?
You only exist by grace

Accompany and live with the Lord
With today's faith
Live a moment while looking in front of the throne
Gaze upon the Lord who pays attention to you

Look at the glory of the sky every moment
Fight sin and fight evil
Believing in the power and authority of God
The good fight can never be stopped

Looking at this world is only disappointment
Don't give in to the temptations of the world
Which the brimstone fire of desire is boiling
Live each moment following the Spirit

아름다운 풍경화

잠에서 막 깨어난 아가의 미소
가족 사랑이 향기로 배어나는
안방에 걸린 빛바랜 가족사진

곱고 예쁘게 물든 단풍잎 사이로
다정스레 걸어가는 노부부의 뒷모습

한 끼 식사 준비를 위해
정성을 다하는 어머니의 손길

겨우살이 준비로 분주한
늙은 산골부부의 부지런한 손놀림

오르막길에 힘겨운 노파를
말없이 다가서 밀어주는 젊은이

말 많고 탈 많은 세상에서
묵묵히 믿음의 길을 가는 사람들…

The beautiful landscape painting

A baby's smile who just woke up
Faded family photo hanging in the bedroom
which family love is permeated with fragrance

Back view of an elderly couple walking affectionately
Among the maple leaves dyed beautifully

A mother's loving hand
to prepare a meal

The old mountain couple's diligent hand
who are busy with wintering preparations

A young man who silently approaches and pushes
An old woman struggling on the uphill road

People who silently walk the path of faith
In a world full of words and trouble

박계자 Park Gye-ja

초승달

보름달
환한 미소

어머니!
만삭에 몸 풀어
초승달 되고…

별아기
꽃씨되어 날아간다

어머니 가슴속
그리움 강물되고

세월은
고달픔 애환으로
가득하다

자식들은 행복한데
어머니는
쓸쓸하고 외롭다

삶의 무게로
휘어진 허리

어스름한 빛으로
내 창문 두드린다

딸아!
와락!
눈물이 쏟아진다

A new moon

A full moon
A bright smile

Mother
Warms up her body in full swing and
becomes a new moon

A Star baby
Becomes a flower seed and flies

Mother's inner heart
Longing becomes river water

time and tide
is full of
anguish, joy and sorrow

Children are happy but
Mother is
Lonely and solitary

A bent waist
with the weight of life

Knock on my window
with a dim light

Daughter!
Suddenly
Tears are pouring down

들꽃

풀섶에 숨어
단단히 뿌리내린 들꽃

시골 소녀처럼
촌스러운 듯 이쁘다

연둣빛 꼬까옷
작고 붉은 얼굴
자꾸만 눈길이 간다

모두가 떠난 자리
홀로 자리 잡고

오가는 발걸음
채이고 밟혀

외로움과 서러움
마시고 마셔도

눈물 대신
활짝 웃어주는 네가
사랑스럽다

A wild flower

A wild flower that hides in the grass
And a well–rooted wild flower

You are pretty like being countrified
Like the country girl

A light–green new dress
A small red face
I can't stop looking at you

A place where everyone left
You nestle down alone

A step to come and go
Gets kicked and stepped on

Even if you drink and drink
Loneliness and sorrow

You who smile brightly
instead of tears
Are lovely

이문희 Lee moon-hee

봄의 여신

노오란
미소를 품고
푸릇푸릇
가녀린 몸

살랑바람 타고
달려 와
입 맞추고 싶었는지

양지 바른 언덕
햇살은
그토록 쉬지도
못 하고
서성이었는지

기나 긴
그 춥던 겨우내
난 오늘
봄처녀 되어가네

구름에 실려
어느새
살포시 피어 다가 온
노오란 개나리 꽃

그대 모습
이른 새봄
화사한 봄의 여신이었네

Goddess of spring

A blue and
Slender body
With a yellow
Smile

Maybe it wants to ride the breeze and
Run and
Kiss

Maybe the sun
Of the sunny hill
Didn't
Rest so
And walked around

In that long
And cold winter
I become a spring maid
Today

A yellow forsythia
Carried in the clouds
And bloomed softly
In no time

Your look
Was the goddess of colorful spring
In the early spring

비 내리는 날

비 내리는 날

차 한잔
앞에 놓고
어머니 생각에 젖는다

오는 세월
이길 수 없는지
여기저기 주름진 몸

비 내리는 날이면
얼마나
아팠을지

비 내리는 날
차 한잔
앞에 놓고

병상에 누워
앓고 계신 어머니 생각에
죄인이 되어본다

On a rainy day

On a rainy day

With a cup of tea
That is in front of me
I remind of my mother

Maybe I can't win
The coming years
A wrinkled body here and there

On a rainy day
How much
I was hurt

On a rainy day
With cup of tea
That is in front of me

I become a sinner
By thinking of my sick mother
In a sickbed

김향희 Kim Hyang Hee

마지막 동반자

걷지도 서지도 못하고
입이 있어도 말 못 하는
갓난아기가 되어 누우니
자식들이 왕이네

오늘은 딸이 오려나
꿈에 본 아들이 오려나
요양원 문턱을 서성이던 눈빛이
어둠에 흐려지네

그리움에 눈물져 돌아누우면
마주한 그대의 멀건 눈동자가 정답고
잠 못 이루며 뒤척이는 날엔
그대의 숨소리가 위안이 되는 밤

어느 날
세상과 조용히 이별을 한다 해도
나 슬프지 않으리
그대가 곁에 있으니

The Last Companion

When I become a baby and lie down
Who can't walk or stand
And who can't talk with my mouth
children are kings

Will my daughter come today?
Will the son I saw in my dreams come?
The eyelight that was hanging around the nursing home
is clouding in the dark

When I turn back and lie down in tears of longing,
When your facing distant eyes are the answer
On a sleepless and tossing and turning day,
A night when your breathing becomes comfort

One day
Even if I part with the world quietly,
I won't be sad
'Cause you're around me

부여 궁남지에서

백제의 별궁 연못에
추적추적 여름비가 내리고
둥그런 연밭 사잇길을
우산 속 연인들이 걸어가네

능수버들 드리운 연못에
떠다니는 수련 사이로
쇠물닭 한 마리가
분주히 먹이를 찾아 헤매고

백옥 같은 꽃잎에
빗방울이 굴러 널뛰기 하며
사진작가를 유혹하는 백련도
밤이 되면 꽃잎을 닫는다지

이 몸 물 양귀비로 다시 태어나
행여 낭군님이 오시려나
목을 빼고 기다렸건만
임은 오지 않고 비만 내리네

In Buyeo Gungnamji

Summer rain is falling damply
At a secondary palace pond of Baekje
The lovers in the umbrella are walking
At a round path between the lotus field

In a pond that weeping willow is cast
Through the floating water lotus
An Indian water hen
is busily searching for food

The raindrops are rolling around
On a petal like a white jade
Even the white lotus attracting Photographers
Is said to close its petals at night

I am reborn as a water poppy
I wonder if my lover is coming
I looked forward to seeing him
But he does not come and it's just raining

한정찬 Han Jeong-chan

탑(塔)의 언어(言語) 1

모지라진 돌이
허기진 삶을 반추하고 있다

가랑잎에 내린 하얀 서리가
푸른 섬으로 떠도는 하늘을
어리석인 삶이라 비웃고 있다

태초에 신들린 바람으로
앞만 보고 걸어온 무수한 발자국들이
꼬리쳐 가는 강물의 여울에
소리 없이 빨려 들어가고 있다

쏟아지는 은빛햇살 잔뜩 받으며

The language of the pagoda

One wretched stone
Reflects on a life of hunger

The whitest frost falling on the leaves
Is ridiculing a sky floating with a blue island
As a foolish life

The countless footprints that walked by seeing only
the the front side
In the beginning, with the inspired wind
Are being sucked
into the running rapids of the river silently

Receiving the pouring silver sunlight

기다림을 아는 자의 노래

다가올 때가 있기에 우리는 기다린다.

절망에 넘어져 힘겨울 때도 숯불처럼 숨 쉬는 기다림이 있어 억새풀 사이로 흰 머리카락 날리며 그리움의 환희로 옷깃 여민다.

담장 넘어 흔들리는 불빛아래 다듬이 소리가 선잠 깨울 때 새벽 시린 언어도 아려 기다림을 아는 자의 다독거림은 행복의 화음을 감사할 줄 알게 될 거고 배고픈 사람 만나게 되면 빵을 주기 보다는 빵 굽는 방법을 가르쳐 줄 거고 이성의 눈빛 흐린 사람 보게 되면 지혜 담은 광명의 불빛 지피는 체험을 줄 거다.

기다림은 너와 나의 것이 아니라 우리 서로 공유하므로 첫닭 우는 새벽에 푸른 종소리처럼 흩어져도 우리는 기다린다.

The song of a person who knows waiting

Because there is a time to approach, we wait

Even when it is hard after my falling into despair, there is a waiting that breathes like a charcoal fire, I adjust my dress flying white hair through the pampas grass, with the joy of longing

Under the shaking light over the wall, when the sound of fulling cloth by pouring wakes my slumber, even the cold language at dawn aches The whispers of a person who know waiting will appreciate the harmony of happiness If I meet a hungry person, I will teach him how to bake a bread rather than giving bread If I see a person whose eyes are blurred, I will give him the experience of igniting the light of wisdom full of light.

Waiting is not yours and mine we share it Even if we are scattered like blue bells at dawn when the first rooster crows, we wait.

이순옥 Lee Sun-ok

개기일식

우리에게 허락된 시간은 짧기만 하네
죽음의 그림자는 짙기만 하여
나 그대에게 나를 주려 하네
나 그대를 가지려 하네

서로의 몸에 서로를 각인하는 그
시간은 고작
반 각의 짧은 시간이지만
생의 전부를 담고 있는 절절한 열정

한사코 운명을 피하려 하나
그 모든 몸짓이 다 정해진바
숙명으로 한 걸음 한 걸음
걸어 들어가는 것이었음을

손끝에도 음률이 흐르는
생의 끝자락
끝내 지울 수 없는 서운함
많은 날의 기다림을 문신처럼 새겨넣네

*일각: 15분
*개기일식 지속시간: 최대 8분
*실제 관측시간: 2~3분

Total solar eclipse

The time allowed for us is only short
The shadow of death is only thick
I'm going to give me to you
I'm going to have you

The time to imprint each other on each other's bodies
is only
a short time of 15 minutes
But a desperate passion that contains all of life

I desperately try to avoid fate
But all of those gestures are decided
I was walking there
one step and one step by fate

The end of life
which the melody flows through my fingertips
Sadness that can't be erased
I engrave many days of waiting like a tattoo

*일각(一刻): 15 minutes each
*Total eclipse duration: up to 8 minutes
*Actual observation time: 2~3 minutes

물들어가는

그 무엇으로 표현할 수 없는
신비롭고 아름다운 감정의 선율
기억과 기억 사이로
서로 얽혀 있는 시공간

당신을 위해 참는 건
이상하게도 괴로우면서도 즐거운 일
혹은 하얗게 타올라서 마침내
터져버리는 환희를 느끼는 것
권태롭기만 하던 삶이
너로 인해 다채로워지기 시작했죠

붉디붉은 꽃잎 어느 날 흐느낌이 느껴져
생각의 꼬리 자르지 못해
이렇게 잠깐씩
같은 세계에 머무는 것도 괜찮을 것 같아요
조금 위태롭지만 달콤한 세상이니까

때론 진실이 필요치 않을 때가 있죠
바로 이 순간,
목소리가 그 길을 따라오라는 듯 나를 끌어요

툭, 건들면 와장창 깨질 것 같은 차가운 눈빛으로
해결되지 못할 물음으로
제어되지 않을 거에요

당신 향한 내 눈빛의 색채가 수만 번 바뀌면서…

Dyeing

Mysterious and beautiful emotional melody
That cannot be expressed with anything
Intertwined space–time
Between memory and memory

To be patient for you
Is a strangely, painful but enjoyable thing
Or to feel the burst of joy finally
by burning white
A life that was just boring
started to become colorful because of you

Reddish–red petals feel a sob one day
I can't cut off the tail of my thought
I think it would be okay to stay in the same world
for a moment like this
Because it's a little precarious but a sweet world

There is a time when the truth isn't necessary
At this very moment,
A voice attracts me like following the way

With cold eyes that seem to break when they are touched
with an unresolved question
I won't be out of control

As the color of my eyes toward you changes tens of thousands of times

이정화 Lee Jeong-hwa

초혼(招魂)

사뿐히 조아려 앉아
이슬을 머금은 한 잎의 풀을 본다

낱낱이 헤니 잎잎마다
길고 짧은 마디마디 아름다워라

말간 은구슬이 짜르르 구르는 거기엔
울 고운 임 모습이 물안개처럼 피어올라

미소 띤 얼굴로 손을 흔들어
촉촉한 가슴을 파고들어 내가 그리로,
그리로 묻히어 간다

*문채 이정화 출간도서 제4권 수록작

Invocation of the spirits of the dead

I bow and sit quitely
I see a leaf of grass with dew

I count all leaves in detail
Every long and short joint is beautiful

Where the clear silver beads roll,
My beautiful lover looks like a mist

Waving with a smile on my face
I plunge into your moist chest, and go there
I'm being carried there

*Volume 4 of Moonchae Lee Jung-hwa

묵필(墨筆)을 축여주시면 싫답니까?

어찌하여 산간에 어스름한 해 질 녘도
소식이 없으시답니까?

오늘도 생생하게
어제 하루처럼 한숨 품으며 기다렸소만

그대의 묵필은 바싹 마른 한 잎의 낙엽처럼
아침햇살까지 벼루를 적시지 않고 솔을 올올이 세워
그냥 두셨는지요

불꽃처럼 타오르는 마음은 바람맞은 꽃잎처럼 떨어져
숨소리조차 가눌 수 없으니

어찌 그대 생각을 감히 잊자 하리까
만약 그대가 허락한다면 살고지고 또 살고 져서

따뜻한 봄날 고목 나뭇가지에서 다시 잎을 피우는
화산이라도 되어 그대의 향취에 푹 젖어

차라리 천만년을 살고지고 한스러운 세상을 잊은 듯
그렇게 깊이깊이 잠들고 싶구려

그대는 이 마음 아신 답니까?
유난히도 노을이 발갛게 물들고 하늘은 연이어

달빛을 청량하게 비치고
따라서 별들도 찬란한 빛으로 밤을 밝히려 하오만

그대 어찌 서신마저 없어
이 하루조차 애간장을 다 녹인답니까?
까맣게 다 타버린 내 가슴이 벼루에 먹물을 똑 닮았구려

*문채 이정화 출간도서 제4권 수록작

Don't you like to dampen your brush of silence?

How come you don't appear even
At the dusk of the mountains?

I waited for you vividly
with a sigh like yesterday

Your brush of silence is like perfectly dried fallen leaves
Did you wet the ink stone to the morning sun, stand the brush one by one
And just leave it?

A heart that burns like a flame falls like a flower petal hit by the wind
And I can't even hold my breath

How dare I forget longing about you?
If you allow, I will live and live again

On a warm spring I will be a volcano which blooms a leaf
And soak in your fragrance

I'd rather live 10 million years like forgetting the sad world
I want to sleep so deep

Do you know my mind?
Especially, the sunset turns red and the sky

Shines the moonlight clearly
So the stars try to light up the night with brilliant light

Why didn't I hear from you?
Do you melt my heart out even this day?
My blackly burnt heart looks like ink on a flea

*Volume 4 of Moonchae Lee Jung-hwa

황선기 Hwang Seon-gi

태극기를 휘날리자

온 세계 만방에서 힘차게 날리는
저 태극기는 대한민국의 상징
우리에게 꿈과 희망 굳은 용기를 주어
나라 살린 자랑스런 태극기라네

휘날리자 휘날리자 전국 방방곡곡에
휘날리자 휘날리자 세계만방의 창공에
아아 대한민국 집집마다 마을마다
태극기를 게양하자 태극기를 휘날리자

Let's flutter the Taegeukgi

That Taegeukgi is the symbol of Korea
Blowing vigorously all over the world
It is a proud Taegeukgi that gave us dream, hope, courage
And saved our country

Let's flutter it Let's flutter it all over our country
Let's flutter it Let's flutter it into the blue sky of the world
Ah, every house in Korea, every village in Korea
Let's raise the Taegeukgi let's flutter it

자랑스러운 태극기

태극기가 바람에 펄럭입니다
서울에서 독도에서 한라에서 백두에서
세계 만방의 창공에서 아름답게 펄럭입니다

태극기는 대조선국의 상징이며
자랑스런 대한민국의 국기랍니다
청홍백흑 건곤감리는 우주자연의 섭리이며
우리민족의 얼과 기상이요 자랑일세

청홍백흑 건곤감리는 화합 창조 번영이며
봄 여름 가을 겨울 사계절의 자랑일세
피와 눈물로 지켜온 자랑스러운
태극기 선열들의 애국정신은 영원히 빛나리라

A proud Taegeukgi

The Taegeukgi is fluttering in the wind
From Seoul to Dokdo, from Halla mountain to Baekdu mountain
It is fluttering beautifully in the blue sky of the world

The Taegeukgi is the symbol of the big Jpseon country
And the proud national flag of Korea
The blue, red, white, black, and heaven, earth, water and fire are the providence of nature in the universe
It is the spirit, and pride of our people

Blue, red, white, black, dry and heaven, earth, water and fire are harmony, creation and prosperity
Spring, summer, autumn and winter are the pride of the four seasons
The Taegeukgi Proudly protected with blood and tears
The patriotic spirit of ancestors will shine forever

양화춘 Yang Hwa-chun

맥문동 보랏빛 꽃

곰솔 숲
산책로 흙길
서쪽에서 쏟아지는 햇볕이
나뭇가지 사이로 스며든다

소나무 그늘에 핀
맥문동 꽃 물결이
보랏빛 파도 되어 밀려온다

연인들이 다정히 손잡은 모습이
아름다워 보인다
나도 저렇게 풋풋했던
젊은 시절을 회상해 본다

해송 숲 너머 바다
고깃배들이 오고 가고
아이들이 양손을 흔들며
토끼처럼 뛴다

인심 좋은 어부 아저씨
하시던 일 멈추고
야호 소리 내어
노를 젓듯이 손 흔들어 주네

A purple flower at Maekmun–dong

A japanese black pine forest
A dirt road of walk
The sun pouring in from the west
Seeps through the branches

Flower wave at maekmundong
Blooming in the shade of a pine tree
becomes purple wave and surges

Figure that lovers hold hands lovely
Looks beautiful
I remind of my young days when I was so fresh

Sea beyond a sea pine forest
Fishing boats come and go
Children wave their hands
And run like a rabbit

A kind–hearted fisherman
stops what he's doing and
Yells hurray and
Waves his hands like pulling a paddle

수다 떨고 싶을 때

마음이 허 할 때
친구들이 차 마시자
전화 왔을 때 행복합니다

내 맘 친구 맘 툴툴 털어놓으니
삶 속에서 지쳤던 것들이
쓴 커피 향에 녹는다

위로와 격려해 주는
친구들 덕분에 용기가 생겼다
작은 풀들이 모여 숲이 되고
가꾸지 않아도 꽃이 피듯이

오늘도 서로 응원해 주며
거북이처럼 느리게 가도
성실하게 꿈을 향해
책임을 질 수 있는 사람이 되자

When I want to chat

When my heart is empty
and my friends calls me to drink a cup of tea
I'm happy

I communicate my mind with my friends and
Tired things in life
Dissolve in bitter coffee aroma

Comforting and encouraging friends
gave me courage
As small grasses gather to form a forest
And a flower blooms without growing

Let's support each other today and
Even if we go slowly like a tortoise
Let's Become a responsible person
Earnestly towards a dream

조윤하 Jo Yoon-ha

내 인생의 연주자

사랑은 음악을 타고
상처받은 마음을 위로하듯
어느새 바이올린 선율이 되어
내 몸에 자리 잡는다

주님을 사랑하면
은혜의 선율로
이웃을 사랑하면
감동의 선율로
우리의 시간들을 장식한다

어려웠던 시절
아름다운 추억들
즐거웠던 시간들이 모여
기쁨의 노래로 연주하는
희로애락의 연주자

나의 친구 바이올린
너는 최고였어!

A player of my life

As love rides music
and comforts a wounded heart
suddenly, it becomes a violin melody
and settles in my body

If I love the Lord
With the melody of grace
If I love my neighbor
With a moving melody
it decorates our time

Hard times
Beautiful memories
Pleasant times gather
They are performers of joy, anger, sorrow and pleasure
who perform with a song of joy

My friend, violin
You were the best!

모래알

작디작은 모습에
그냥 지나버렸네

어디 쓸 데나 있나 하고
그냥 지나버렸네

바다에 가니
반짝이는 모래알들

옹기종기 모인 드넓은 모래밭은
나의 마음을 뛰게 하네

뛰면 뛰는 대로
추억의 발자국 남겨주고

두 손 가득 모래 잡으면
상상의 모래성이 되어주네

그러다 잠시…
거대한 바닷물에 몸을 싣고

아름다운 추억만 가득
마음에 남긴 채

다시 만날 날 기약하며
저 멀리 떠나가네

A grain of Sand

I just passed
By your very small appearance

I just passed by
Thinking it meaningless

I go to the sea
And sparkling grains of sand

The wide sandy beach who gathers densely
makes my heart leaps up

If I run, as I run
I leaves footprints of memory

If I hold sand with my two hands
You become an imaginary sand castle

Then for a while
I load my body in the huge sea water

I left only beautiful memories fully
In my mind

You promise to meet me again
You leave me far away

김광숙 Kim gwang-suk

당신은 제 마음이 사랑하는 사람

참 많은 세월이 흘렀습니다
그때는 몰랐습니다
나이를 먹고 철이 들면서 알게 되었습니다

당신은 내 마음이 사랑하는 사람이란 걸
이만큼 살아온 지금까지 한결같은 마음으로
사랑을 부어 주던 당신

늘 그 자리에서 함께 기다려주신 당신
늦지 않게 깨닫게 해줘서 고마워요
그리고 사랑합니다

당신을 향한 내 마음에 사랑만큼
그리고 고맙습니다 소풍 가는 기분으로
삶의 여정을 느낄 수 있게 해줘서

You are the one my heart loves

So many years passed
I didn't know then
As I grew older and matured, I came to know

You are the one my heart loves
You who poured love
With the same heart until now I have lived like this

You who were always waiting with me at the same place
Thanks for making me realize so that it's not late
And I love you

As much as love in my heart for you
And thank you for making me feel the journey of life
With a feeling of going on a picnic
for my feeling the journey of life

처음으로 사랑한 여인

지금도 그대는 나의 사랑
세상 밖으로 나오기 전 부터
사랑한 여인

속세의 인연이 끝나도
사랑할 여인
기억이 소멸 될 때까지 하나의 사랑

소멸한 공간에서 다시 만나 사랑할
나의 분신 어머니
기억이 소멸 되도 지울 수 없는 사랑

The first woman that I fell in love with

Even now you are my love
A woman that I loved
Before going out into the world

Even if the worldly relationship ends
A woman that I will love
One love until my memory fades away

My other self, mother
To meet again in a lost space and love
A love that can't be erased even if my memory disappears

강순구 Kang Sun-gu

독도의 향기

하늘을 가득 채우고
온몸을 헤집어
뼛속으로 파고드는
독도의 향기

신록의 대지
검푸른 바다
사랑으로 품고
뜨거운 열정으로
대한민국을 휘감는
독도의 향기로움

삼천리 반도 휘돌아
대한민국의 삶을 뿜어내는
몸짓이 아름다워라

어제도
오늘도
내일도
독도향기 가득한
나라사랑 온몸에
흠뻑 젖어가며
살고 싶어라

The scent of Dokdo

It fills the sky
And rubs our whole body
It digs into the bone
It is the scent of Dokdo

Land of verdure
Dark blue sea
It embraces with love
The fragrance of Dokdo
That winds around korea
with hot passion

Its body which revolves around the three thousand–
li peninsula
And Brings out life in Korea
is beautiful

Yesterday also
Today also
Tomorrow also
I want to live there
By getting drenched
To my whole body with love for the country
Full of the scent of Dokdo

그대의 향기

그대의 향기는
빙그레 웃음짓는
꽃처럼 향긋합니다

그대의 향기는
자유로이 흘러가는
구름처럼 평화롭습니다

그대의 향기는
살랑살랑 불어오는
산들바람처럼 상쾌합니다

그대의 향기는
졸졸졸 들려오는
시냇물처럼 자유롭습니다

그대의 향기는
주루룩 내리는
비처럼 마음을 적셔줍니다

그대의 향기는
송송송 내리는
눈송이처럼 가슴을
포근히 감싸 줍니다

그대의 향기
가득히 뿌려서
세상에 행복의 꽃이 활짝
피어나길 기도해 봅니다

Your scent

Your scent is
Fragrant like a flower
Which smiles with a beaming face

Your scent is
Peaceful like a cloud
Which flows freely

Your scent is
Like a breeze
Which blows gently

Your scent is
Like a brook
Whose murmuring is heard

Your scent
Wets my heart like rain
Which drops constantly

Your scent
Wraps me up warmly
Like a snowflake
Which falls down much

I pray that I will scatter
Your scent fully
And the flower of happiness
will bloom in the world in full blossom

김소엽

박종규

양숙정

정수영

문순남

서비아

박희주

이형숙

허보영

곽만영

박희우

박대산

박상기

윤정식

장웅상

황여주

류한상

하난영

김상문

김화창

김윤홍 박계자 이문희 김향희

한정찬 이순옥 이정화 황선기

양화춘 조윤하 김광숙 강순구

작가소개

초대시 김소엽

박종규 양숙정 정수영 문순남 서비아 박희주
이형숙 허보영 곽만영 박희우 박대산 박상기
윤정식 장웅상 황여주 류한상 하난영 김상문
김화창 김윤홍 박계자 이문희 김향희 한정찬
이순옥 이정화 황선기 양화춘 조윤하 김광숙
강순구

초대시 김소엽

78년 한국문학에 미당 서정주, 박재삼 추천으로 등단
현재 호서대학교수정년퇴임후 대전대 석좌교수로 재직 중
〈수상〉한국문학상, 윤동주문학상, 이화문학상, 신사임당상 등
〈저서〉시집 『그대는 별로 뜨고』, 『그대는 나의 가장 소중한 별』, 『하나님의 편지』, 『별을 찾아서』, 『사막에서 길을 찾네』 등 12권

박종규

문학신문 수석논설위원
詩歌흐르는서울문학회 회장
쉴만한물가작가선교회, 한국문인협회 등 회원
동인지 詩脈 편집장, 詩歌흐르는서울 편집주간
대한문학작가회 부회장, 전문인문서선교회 회장 외
〈수상〉한국교육자대상 본상, 우수도서저술상, 출판문화상, 환경문학대상(시), 황금찬문학상(수필), 동양문학 대상
〈저서〉『하늘문이 열리는 꿈』, 『좋은 듯 싫은 듯』 등 104권 저서 집필

양숙정

서울대 졸업 연세대 사회교육원 문창과정 수료
순수문학으로 시인 등단
짚신문학회 이사, 쉴만한물가작가선교회 회원
시맥회 회원, 한국통일문인협회 이사
〈저서〉시집 『가슴 속 피는 꽃』, 『그리운 노래』

정수영

충북 옥천 출생
명지대 영어영문학과, 옥천군청 지방사무관
둔산제일감리교회 장로, 상록수문학회 이사
아동문학세상문학회 회원, 한국문인협회 회원
쉴만한물가작가선교회 운영이사

문순남

오남성결교회 명예권사
별빛문학 시 부문 신인상
쉴만한물가작가선교회 회원, 들꽃시동인회 회원
〈저서〉시집 『수선화』, 공저 시집『꽃 진 자리』, 『가창오리와 장다리물떼새』, 『억새꽃 들판에서』, 『추억 여행』, 『봄, 봄을 담다』, 『물 없이 이는 바람』

서비아

아호 가은
목사, 시인, 수필가, 아동문학가
한국문인협회 및 문학기념물 조성위원
한국아동문학회 사무차장 겸 이사
한국아동청소년문학협회 상임위원
세계문학회 총무, 청계문학 자문위원
한국문예학술저작권협 회원, 쉴만한물가 발행인
〈수상〉나라사랑 최우수상, 세계문학회 시창작 대상, 대한민국예술명인 문학 부문 대상
〈저서〉『시도 사람을 그리워한다』 외 2권

박희주

충북 영동 출생
상록수문학회 회원
상록수문학회 시 부문 신인상
한국문인협회 서정문학위원

이형숙

계간 크리스천 문학 등단, 월간 아동문학 등단
한국문인협회 회원, 한국아동문학회 회원, 국제펜 한국본부 회원, 국제크리스천작가협회 회원, 국제카운슬러협회 회원, 쉴만한물가작가선교회 운영이사 겸 부회장
〈수상〉크리스천 문학 작가상 본상, 월간 아동문학 작가상, 한국글사랑작가상 본상, 국제문화예술대상(선교 부문)
〈저서〉『당신은 누구십니까』 외 7권, 동시집 『새들은 좋겠다』

허보영

진주 출생
한국방송통신대 법학사, 계약신학대학원 목회학 석사
성산교회 원로장로, 문예사조 시조 부문 등단
한국가사시 문학 창시자, 짚신문학 총무
한국장로문인회 회원, 한국통일문인협회 회원, 한국서예협회 경기지회 회원, 한국추사체연구회 회원, 금천구서예가협회 회원, 쉴만한물가작가선교회 운영이사

곽만영

경북 영양 출생
시인, 수필가
한국문인협회 문학사료 발굴위원
국제펜 한국본부 회원
쉴만한물가작가선교회 운영이사
〈수상〉한국장로문인회 문학상 외 다수
〈저서〉 제1, 제2시집, 수필집 외 다수

박희우

경기도 여주 출생, 한국방송통신대학교 국문학과 졸업, 문협 문예대학 문예창작과 수료
계간 한국작가 등단(수필), NCM TV방송문학 등단(시, 동시)
한국문인협회, 한국작가협회 회원, 한국문협 경기도지회(제도개선의원), 한국작가동인회 이사, 한국문협 성남지부 감사, 에세이성남 동인, 세계문학회 회원, 쉴만한물가작가선교회 운영이사
〈수상〉세계문학 NCM TV방송문학 문학기행 우수상, 경기신인문학상(수필부문), 경기예총 공로표창, 성남시의회 의장 공로표창
〈저서〉 수필집 『일상의 미학』 외 공저 다수

지천 박대산(知泉 朴大山)

시조문학으로 문단 데뷔(1982년)
리폼드대학원대학교 졸업
쉴만한물가작가선교회 운영이사 겸 부회장
〈수상〉세계문학회 문학 본상 수상
〈저서〉『꿈은 잠들지 않는다』(시집), 『인생의 길이 자기에게 있지 아니하니』(자전적 에세이) 외 다수

박상기

월간 한국시 신인상, 창조문예 수필 신인상, 문예사조 신인상(시) 등단
장신대 신대원 및 동대학원 졸업
샌프란시스코 신학대학원 상담학 박사
안산 빛내리교회 담임목사
한국목양문학회 회장
〈수상〉광나루문학상 수상(수필), 목양문학상 수상

윤정식

서울 감람감리교회 권사
서울 시인대학 재학 중
세계문학회 제24호 시 부문 신인문학상
쉴만한물가작가선교회 운영이사

장웅상

영문학박사 포함 10개의 학위 취득
비교문학 전공(박사논문: 샐린저와 벨로우의 작품과 도연명의 작품 비교연구)
2018년 경기 천년공부장인에 선정
타로 전문 상담사 자격증, 사주 명리학 1급 자격증
타로 및 인문학 강연가, 번역가, 작가
쉴만한물가작가선교회 운영이사
〈저서〉『공부가 하고 싶은 당신에게』, 『저절로 읽어가는 영어』, 『기적의 1분 영어』

황여주

서울 출생
시인, 고등학교 교사
문학예술 시 부문 등단(2004)
한국문인협회 회원, 청다문학회 회원
〈저서〉『날자 날아보자』, 『그물에 걸린 달무리』, 『나의 작품 나의 명구』, 『저 빛나는 인생길의 합창』 외 다수

류한상

합동총회신학대학원 졸업(M.Div. Th.M)
캘리포니아센트럴대학교(C.C.U)(D.Min)
로드랜드대학교 (Lordland.U)(D.Th)
호헌총신대학원 교수, 서울합동총신대학원 학장
대한예수교장로회(호헌) 90회 총회장
(사)대한예수교장로회연합회 부회장, 현 감사
세계환경문학 상임이사
한국가곡작사가협회 부회장, 현 감사
한국문인협회 회원, 한국문인협회 서울중구지부장(3대)
목양문학회 회원, 아태문학 이사, 상록수문학회 이사

하난영

경북여고 졸업
경북대학교 사범대학 졸업, 중등학교 교사 봉직(8년간)
한국문인협회 회원(현), 안동주부문학회 회원(전)
짚신문학회 이사
〈수상〉짚신문학 우수상
〈저서〉시집『꿈속의 님』출간

김상문

월간 국보문학 시 부문 등단
국제펜 한국지부 서울 회원
〈수상〉제10회 예원문학 대상, 제1회 전국 시 낭송경연대회 인기상, 대한민국명인대전문화예술 시 부문 명인상, (사)한국문인협회 문효치 이사장 표창, 한국문학신문작가상 대상 수상, 제4회 우주문학상 수상, 예술문화복지 시 부문 문학 대상, 국보문학 청솔문학상
〈저서〉시집 『가을 시로 물들다』, 『무념무상』, 『마음으로 읽고 가슴으로 말한다』 외 다수

김화창

피어선대학 성서학 수료
상록수문학 신인문학상(동시)
평택아동문학회 회장, 세계문학회 회원
내혜홀 아동문학회 회원, 한국아동문학회 이사
평택북부복지타운 문해강사, 방과 후 지역아동 팬플룻 강사

김윤홍

한사랑교회 담임목사
〈수상〉철학박사 모던포엠 신인작가상, 한국목양문학상
〈저서〉『기독교사회봉사 어떻게 할 것인가?』, 『참된 기도 바른 영성』, 『크리스천리더십』, 『기독교윤리와 크리스천의 삶』, 시집 『내일을 꿈꾸는 사랑하는 그대에게』, 『순례자의 길을 가는 사랑하는 그대에게 길을 물으며 길을 찾는다』, 『하늘바라기의 세상 살아가기』

박계자

인천 출생
중앙신학대학원 사회복지학 박사, 온석대학원 상담학 박사
세계예술문화아카데미 문학박사, 글로벌문예예술대학교대학원 심리상담학 교수
열린상담학회연구원 원장, 평생교육원 사회복지교수, 한국문인협회 회원, 세종문학회 이사, 세계문학회 이사, 대한민국가곡작사가협회 회원
WAAC 시 낭송가, 포임앤스코어 작사가
〈수상〉대한민국 문학공모대전 입상 외 다수
〈저서〉시집 『월하의 초상화』
〈가곡 작사〉「님, 포옹」, 「꽃사랑」

거해 이문희(李文熙)

한국문인 시 부문 당선 등단

한국詩서울문학회 대표 회장

소록도100주년기념 100인작가 시화전 외 다수

〈공저〉『韓國을 빛낸 文人』(2018, 2019 100인작가 명작선 선정)

외 다수

김향희

월간 국보문학 시 부문 신인상 수상

한국국보문인협회 회원

서울시인대학 사화집 『첫 만남의 기쁨』 제9호(공저)

서울시인대학 사화집 『첫 만남의 기쁨』 제10호(공저)

현 (사)한국효도회 전라북도지회 이사

한정찬

한국문인협회 천안지부장 역임
한국문인협회 회원, 국제펜 한국본부 회원, 한국시조시인협회 회원
현재 순천향대학교 재직 중
〈저서〉시집『한 줄기 바람』외 23권, 시전집 2권

이순옥

월간 모던포엠 시 부문 등단
한국문인협회 회원, 세계모던포엠작가회 회원, 월간모던포엠 동인
월간모던포엠 경기지회장, 전인문학 회원, 경기광주문인협회 회원, 백제문학 회원, 한국문학예술인협회 부회장, 착각의시학 회원, 시와늪 회원
〈수상〉제3회 잡지협회수기공모 동상, 제1회 매헌문학상 본상, 제12회 모던포엠 문학상 본상, 좋은문학 창작예술인협회 본상, 착각의시학 한국창작문학상 대상, 샘터문학상 시 부문 최우수상 수상
〈저서〉『월영가』,『하월가』,『상월가』

문채 이정화(文彩 李庭和)

경남 진주 출생
국제문단 시 부문 등단(2014)
한국문학방송.com 이사, 한국음악저작권협회 정회원
〈저서〉시집 『아니, 저를 기다리시나요?』, 『좋은 당신을 만나서』, 『초혼(招魂)』, 『여보! 나 말고 누가 있겠소』, 『이렇게 하면 안 될까?』, 『가시리』, 『저 하늘에 별처럼』, 『묵필을 축여 주시면 싫답니까?』, 경구집 『떠오르는 태양을 즐겨 보면』, 『눈빛이 좋은 사람을 만나라』

황선기

시인, 작사가, 가수
태극기선양문학회 회장
KBS, MBC, SBS 출연
〈수상〉국무총리상, 장관상, 대통령표창
〈저서〉『태극기선양문학』 외 다수

양화춘

서천주부독서회 출판 21회 회장 역임
서천문화원 시낭송 회원
서울시인대학 사화집『첫 만남의 기쁨』제10호(공저)
현 이상재기념사업회 부이사장
서울시인대학 재학 중

조윤하

경기 군포 출생
세계문학 시 부문 등단
서울찬양신학교, 캐나다크리스천신학대학 졸업
교회성가대 챔버, 도서출판 현대 편집디자인 실장
서울그라티아오케스트라 단원, 캘리그라피 작가
국제선교신문 편집인

김광숙

현대시선 여름호 시 부문 신인문학상 수상
현대시선작가협회 정회원, 현대시선 홍보국장
책나무 출판사 『꽃이 피다』 동인지 참여
현대시선 동인지 『수레바퀴』, 『꽃잎 편지』, 『아버지의 강』
시화전 영종도, 전곡항, 광교호수 외 다수
다선문학 봄편 시화전 2편
다선문학 제2호 시 2편

강순구

목사, 시인, 수필가, 아동문학가, 문학박사
쉴만한물가 발행인, 한국문인협회 회원
한국기독교문화예술총연합회 홍보대사
세계문학회 사무총장, 한국아동문학회 이사
한국아동청소년문학협회 이사, 한국시니어스타협회 회원
자랑스러운 한국문인상, 짚신문학상 세계문학상 외 다수
〈저서〉시집 『시가 의자가 되어주다』, 『어찌하면 됩니까』, 『사그랭이』

한국시 영역: 장웅상(영문학박사)

영문학박사 포함 10개의 학위
작가, 번역가, 타로상담사, 강연가
클래스유(www.classu.co.kr)에서 '영문학박사가 알려주는 저절로 읽어가는 영어' 강의 중
〈저서〉『공부가 하고 싶은 당신에게』, 『저절로 읽어가는 영어』,『기적의 1분 영어』

Translated by Ungsang, Jang(Doctor of English Literature)
Ten degrees including a doctoral degree
author, translator, Tarot Psycologist, lecturer
〈Published Books〉『To you who want to study』, 『English that reads itself』, 『Miracle One minute English』

쉴만한 물가

쉴만한물가작가선교회 지음

발 행 처 · 도서출판 **청어**
발 행 인 · 이영철
영　　업 · 이동호
홍　　보 · 천성래
기　　획 · 남기환
편　　집 · 방세화
디 자 인 · 이수빈 | 김영은
제작이사 · 공병한
인　　쇄 · 두리터

등　　록 · 1999년 5월 3일
(제321-3210000251001999000063호)

1판 1쇄 발행 · 2021년 11월 1일

주소 · 서울특별시 서초구 남부순환로 364길 8-15 동일빌딩 2층
대표전화 · 02-586-0477
팩시밀리 · 0303-0942-0478

홈페이지 · www.chungeobook.com
E-mail · ppi20@hanmail.net
ISBN · 979-11-5860-980-1(03810)